4 Groupes Sanguins 4 Régimes

Le Régime du Groupe B

Dr Peter J. D'Adamo
avec la collaboration de Catherine Whitney

4 Groupes Sanguins 4 Régimes

Le Régime du Groupe B

Traduit de l'américain par Anne Lavédrine

Michel LAFON

DU MÊME AUTEUR

Chez le même éditeur

4 Groupes sanguins 4 Régimes

4 Groupes sanguins 4 Modes de vie

Titre original :

Blood Type B
Food, Beverage and Supplement List from Eat Right for your Type,
publié par Berkeley Publishing Groupe,
une division de Penguin Putnam.

*Aux porteurs du groupe sanguin B du XXIᵉ siècle :
puissiez-vous prendre pleinement conscience
de votre fantastique héritage génétique.*

Ce que les personnes du groupe B disent du régime du Groupe B

Michelle W., 42 ans

J'AI COMMENCÉ LE RÉGIME du groupe B le 1er janvier 1998 et je le suis fidèlement depuis. À ma grande surprise, pendant les trois ou quatre premiers mois, j'ai constaté que j'absorbais plus de calories que par le passé. Test réussi pour votre régime : ce n'était pas un programme hypocalorique déguisé ! Je pesais à l'époque 123 kilos, je souffrais de problèmes de rétention d'eau et on m'avait retiré la moitié de la glande thyroïde plus de vingt ans auparavant. J'avais toujours géré ma rétention d'eau en buvant de l'eau et du jus de citron et en mangeant des concombres, mais depuis deux mois environ ces tactiques ne fonctionnaient plus. Votre régime a immédiatement réduit mon problème de 80 % et je me suis aussitôt mise à mincir. J'ai aujourd'hui perdu plus de trente-cinq kilos, il ne m'en reste plus que cinq à éliminer.

Richard S., 53 ans

————

À L'ÂGE DE CINQUANTE-TROIS ANS, j'illustrais parfaitement le syndrome du « kilo supplémentaire par an » qui frappe tant de nos contemporains à l'aube de la quarantaine. Je faisais du sport régulièrement, dans l'espoir de perdre ma dizaine de kilos excédentaire. Sans succès. Il a suffi d'un mois de votre régime pour que j'en perde quatre sans fringales ni fatigue – moi que mes précédents régimes laissaient trop affaibli pour faire le moindre sport. Mon humeur s'est elle aussi considérablement améliorée, ce qui explique sans doute le soutien sans faille de mon épouse que vos préceptes laissent pourtant dubitative.

Nancy R., 58 ans

————

J'AVAIS CONSULTÉ UN RHUMATOLOGUE pour mon arthrite extrêmement douloureuse des hanches et des genoux. D'autres articulations me faisaient elles aussi souffrir, mais de façon moins intense. Après trente jours de régime du groupe B, j'ai commencé à éprouver un soulagement. Aujourd'hui, je ne souffre presque plus. J'ai en outre perdu un poids considérable. Pour les sceptiques, je préciserai qu'il m'était déjà arrivé de mincir auparavant et que cela n'avait rien changé à mon arthrite. Maintenant, je me sens en pleine forme !

Ellen V., 33 ans

———

J'AI SOUFFERT PLUSIEURS ANNÉES durant du syndrome de fatigue chronique et cela me gâchait la vie. J'étais à deux doigts de perdre mon emploi et je ne pouvais plus pratiquer aucun sport, alors que j'avais toujours été plutôt active. Il me semblait en outre que j'attrapais tous les microbes et virus qui croisaient ma route. Bref, j'avais l'impression d'être vieille avant l'âge ! De temps à autre, il arrivait que je sente mon état s'améliorer ; je reprenais alors espoir, mais cela ne durait jamais bien longtemps. Mon naturopathe m'a recommandé le régime Groupe sanguin, et j'ai commencé celui-ci au mois de mars 1999. Je me suis immédiatement sentie mieux. Je suis à présent le régime du groupe B depuis un an et j'ai repris une existence normale. Je ne somnole plus au bureau, je fais de nouveau du sport et, plus important encore, j'ai retrouvé mon optimisme d'antan. Merci, Dr D'Adamo !

Paul M., 45 ans

———

DEPUIS QUELQUES ANNÉES, je me débattais avec ce que je prenais pour un déficit immunitaire, ne me relevant d'une bronchite que pour attraper un rhume ou la grippe, etc. Pour couronner le tout, on a diagnostiqué chez moi une hernie hiatale nécessitant un traitement médical constant. Dans l'espoir de trouver une autre thérapeutique, j'ai consulté un acupuncteur qui m'a recommandé d'essayer votre régime, ne serait-ce que pour faciliter ma digestion. Avant de lire votre livre, je mangeais du poulet quatre ou cinq fois par semaine (rôti, en bouillon, en sandwich...), si bien que j'ai cru qu'il me serait difficile de m'en passer. J'ai cependant remplacé cet ingrédient par de l'agneau. Et moi qui ne cherchais pas particulièrement à maigrir, j'ai perdu près de cinq kilos en deux semaines, alors que je ne me préoccupais absolument pas des portions recommandées. Ma santé dans son ensemble s'est améliorée. Je ne me sens plus épuisé du matin au soir et mon entourage loue mon regain d'énergie. Je pèse aujourd'hui soixante-cinq kilos, soit le poids de mes vingt ans, sans avoir réduit mon apport calorique. Je n'étais pas gros auparavant, mais on me complimente sur ma ligne. Le plus étonnant est que je sais à présent mon organisme capable de se défendre contre les agressions virales : quand je ressens un début de rhume, je me réveille le lendemain matin presque guéri (et non plus fiévreux et dolent). Et même si, en dépit de ces résultats, mon entourage demeure sceptique, peu m'importe : je suis en pleine forme et je n'aurai plus à déplorer ma panse rebondie lors de mes prochaines vacances à Hawaii.

Message à l'intention des sujets du groupe B

CHER LECTEUR DU GROUPE B,

Ce livret intitulé *Le Régime du Groupe B* se concentre sur l'application à votre cas des principes et des stratégies du régime Groupe sanguin. Si vous venez d'entreprendre ce régime, vous trouverez là un guide simple et accessible qui vous permettra d'assimiler les préceptes de base. Si vous suivez déjà ce protocole nutritionnel et connaissez mes précédents ouvrages (*4 Groupes sanguins 4 Régimes* et *4 Groupes Sanguins 4 Modes de vie*), considérez-le comme un manuel de référence à emporter partout avec vous pour vous aider à mémoriser vos recommandations nutritionnelles.

Depuis la publication du régime Groupe sanguin, voici bientôt sept ans, j'ai reçu plusieurs dizaines de milliers de témoignages en provenance du monde entier. Beaucoup émanent de sujets du groupe B qui ont surmonté des problèmes de santé chroniques et des maladies graves, ou remporté un combat de longue date contre les kilos, simplement en adoptant une alimentation et un mode de vie adaptés à leur groupe sanguin. Un nombre croissant d'études appuient la théorie selon laquelle nos différences individuelles revêtent une réelle importance en termes de santé et d'hygiène de vie.

J'espère sincèrement que vous rejoindrez les rangs de vos congénères du groupe B qui ont obtenu de tels succès. Je vous invite à découvrir le renouveau de bien-être et de bonne santé que le régime du Groupe B engendre.

Dr Peter J. D'Adamo

Note de l'auteur

Ce livre a été conçu afin de regrouper exclusivement les informations les plus essentielles sur le régime Groupe sanguin.

Pour en optimiser le bénéfice thérapeutique, le Dr D'Adamo recommande vivement la lecture de ses livres *4 Groupes sanguins 4 Régimes* et *4 Groupes sanguins 4 Modes de vie*, lesquels exposent de façon plus complète ses recherches et ses conseils nutritionnels. Ces ouvrages contiennent des explications scientifiques qui vous permettront de mesurer pleinement l'influence du groupe sanguin sur l'alimentation, l'activité physique, la santé, la maladie, la longévité, la vitalité et la stabilité émotionnelle.

La connexion groupe sanguin – régime

*E*TABLIR UN LIEN entre le groupe sanguin et l'alimentation peut paraître au premier abord un raccourci un peu hâtif. Pourtant, on s'aperçoit bien souvent qu'une telle connexion apporte des réponses aux questions les plus troublantes. Il est depuis longtemps admis qu'il manque un « chaînon » dans notre compréhension du processus étrange selon lequel certains suivent la voie du bien-être et de la santé, tandis que d'autres s'en écartent. Il doit bien exister une raison aux résultats discordants des études nutritionnelles et des statistiques de survie aux maladies. L'analyse des groupes sanguins permet d'expliquer ces paradoxes.

Les groupes sanguins sont aussi essentiels que la vie elle-même. Dans la fascinante logique de la nature, ils se perpétuent sans relâche depuis les origines de l'humanité. Ils constituent l'empreinte de nos ancêtres sur le parchemin indestructible de l'Histoire. En tant que porteur du groupe sanguin B, vous abritez en vous le patrimoine génétique de vos aïeux nomades, qui ont implanté l'espèce humaine dans des régions jusque-là inexplorées. Le gène du groupe B leur a permis de survivre et de prospérer à des altitudes élevées et sous des climats rudes grâce à une alimentation équilibrée mêlant viande, laitages, céréales et légumes. Si étonnant que cela puisse paraître, votre système immunitaire et votre tube digestif de ce début de XXIᵉ siècle préfèrent toujours les aliments dont les ancêtres de votre groupe sanguin se nourrissaient.

Votre groupe sanguin détient la clé de votre système immunitaire et constitue de ce fait l'un des facteurs déterminants de votre profil médical. L'antigène du groupe sanguin fait office de gardien de l'organisme en produisant des anticorps, afin de combattre d'éventuels intrus. Quand un anticorps rencontre l'antigène d'un envahisseur bactérien, il se produit une réaction appelée « agglutination » : l'anticorps s'agrège aux intrus – virus, parasites ou bactéries –, les rendant si « collants » que ceux-ci viennent s'agglutiner en une masse plus commodément repérable, ce qui facilite d'autant leur élimination.

Cela dit, le rôle des antigènes et des anticorps sanguins va bien au-delà de la simple lutte contre les agents microbiens et les autres envahisseurs. On a ainsi remarqué que nombre d'aliments suscitaient un processus d'agglutination similaire à celui qui se produit en présence d'un antigène étranger, mais rarement chez tous les groupes sanguins à la fois. Cela signifie qu'un aliment exerçant une action néfaste sur les cellules sanguines d'un groupe peut être bénéfique pour celles d'un autre.

La réaction chimique qui se produit entre votre sang et les aliments que vous ingérez dépend de votre patrimoine génétique. Elle résulte de l'action de protéines appelées lectines. Présentes en grande quantité dans les aliments, ces lectines possèdent des propriétés agglutinantes. Dans la nature, elles permettent à deux micro-organismes de se lier l'un à l'autre. Souvent, cette colle forte naturelle est attirée prioritairement par certains antigènes sanguins, ce qui les rend plus néfastes pour les groupes en question.

Lorsque vous consommez un aliment contenant des lectines incompatibles avec vos antigènes sanguins, ces lectines prennent pour cible un de vos organes ou de vos appareils (les reins, le foie, le cerveau, l'appareil digestif, etc.) et se mettent à agglutiner des cellules sanguines dans cette zone. Par exemple, la lectine du poulet réagit avec le sang des personnes du groupe B en s'attaquant aux enzymes digestives et en entravant la sécrétion d'insuline.

Le régime du Groupe B permet de rétablir les fonctions protectrices naturelles de votre système immunitaire, de réguler votre métabolisme et de débarrasser votre sang de lectines agglutinantes nocives. Chacun en tire des bienfaits, qui varieront en fonction de son état de santé et de la rigueur avec laquelle il respecte son programme nutritionnel.

Les bases du régime du Groupe B

LE RÉGIME DU GROUPE B repose sur la notion d'équilibre ; il englobe le meilleur du règne animal et du règne végétal. À bien des égards, on peut dire que le groupe B illustre le raffinement poussé du processus évolutif et ses efforts pour concilier des cultures et des

peuples différents. Si vous absorbez des portions équi-
librées de viande, de laitages, de céréales et de
légumes, vous parviendrez en général à contrôler votre
poids et à résister à la plupart des maladies graves du
monde moderne, telles que les cancers et les affections
cardio-vasculaires.

Le régime du Groupe B fonctionne parce qu'il propose un plan d'action clair, logique, scientifiquement
établi et prouvé, et correspondant à votre profil cel-
lulaire.

Dans le cadre de votre protocole nutritionnel, les
aliments sont répartis en treize groupes :

- viandes et volailles,
- poisson, crustacés et mollusques,
- laitages et œufs,
- huiles et corps gras,
- noix et graines,
- pois et légumes secs,
- céréales et produits céréaliers,
- légumes,
- fruits,
- jus de fruits et de légumes,
- épices, condiments et additifs culinaires,
- tisanes,
- autres boissons.

Au sein de chacun de ces groupes, on distingue
trois catégories d'aliments : ceux qui sont TRÈS BÉNÉ-
FIQUES, ceux qui sont NEUTRES et ceux qu'il faut
ÉVITER. Cela revient à dire que :

- un aliment TRÈS BÉNÉFIQUE agit comme un MÉDI-
CAMENT ;
- un aliment À ÉVITER agit comme un POISON ;
- un aliment NEUTRE agit comme un ALIMENT.

Ne vous laissez pas effrayer par le terme « éviter ». Le régime du Groupe B repose sur un éventail d'aliments suffisamment vaste pour prévenir toute frustration. Dès que vous le pouvez, préférez les aliments « très bénéfiques » aux autres, mais ne vous privez pas pour autant des aliments « neutres » que vous appréciez. Ces derniers ne contiennent pas de lectines nocives pour vous et renferment en revanche des nutriments utiles à l'équilibre de votre alimentation.

Au début de chaque sous-chapitre consacré à une catégorie d'aliments, vous trouverez un tableau récapitulatif de ce type (à noter : le nombre de portions, en général hebdomadaire, est parfois quotidien) :

Groupe sanguin B	Portion par semaine si vous êtes d'ascendance		
		européenne	africaine	asiatique
Tous les poissons, crustacés et mollusques	140-170 g	3 à 5 fois	1 à 4 fois	4 à 6 fois

Les portions indiquées dans ces tableaux sont détaillées en fonction de l'origine ethnique de chacun. En effet, la répartition des gènes déterminant le groupe sanguin varie suivant les populations. Un individu du groupe B peut posséder deux gènes de ce groupe sanguin (BB) – ce qui signifie que ses deux parents appartenaient du groupe B –, ou un gène du groupe B et un gène du groupe O (BO), si l'un de ses parents appartenait au groupe O. En règle générale, avoir des aïeux africains augmente la probabilité pour un individu d'être porteur d'un gène O.

Ces adaptations spécifiques prennent également en considération les caractéristiques morphologiques typiques de ces populations. Elles ne constituent pas

des règles strictes, mais seulement des recommandations destinées à vous aider à affiner encore votre
régime en fonction de votre hérédité.

Mon conseil
Utilisez-les si elles vous semblent bénéfiques et
ignorez-les si ce n'est pas le cas. En tout état de cause,
vous apprendrez à déterminer vous-même les quantités qui vous conviennent le mieux.

Viandes et volailles

Groupe B	Portion par semaine si vous êtes d'ascendance		
		européenne	africaine	asiatique
Viande rouge maigre	115-170 g (hommes)	2 à 3 fois	3 à 4 fois	2 à 3 fois
Volaille	60-140 g (femmes et enfants)	0 à 3 fois	0 à 2 fois	0 à 2 fois

Un lien de causalité direct semble unir le stress, les maladies auto-immunes et l'apport en viande rouge au sein des organismes du groupe B. Cela s'explique par le fait que vos ancêtres du groupe B se sont mieux adaptés à d'autres types de viandes (les bœufs n'étaient pas légion dans la toundra sibérienne !). C'est pourquoi vous devez, en cas de fatigue ou d'affections auto-immunes, manger plusieurs fois par semaine de la viande rouge d'agneau, du mouton ou du lapin, plutôt que du bœuf ou de la dinde. Le plus difficile sera pour vous – comme pour la plupart de mes patients – de renoncer au poulet. Il le faut pourtant : les tissus musculaires de cet animal contiennent une lectine agglutinante pour votre groupe sanguin. Si vous avez pour habitude de manger plus de volaille que de viande rouge, remplacez le poulet par de la dinde ou du faisan.

TRÈS BÉNÉFIQUES

Agneau	Lapin
Chevreau *iED*	Mouton
Gibier à poil *XÂNAT ?* ✓	

NEUTRES

Autruche	Faisan
Bœuf ✓	Foie
Bison	Veau ✓
Dinde ✓	

À ÉVITER

Bacon	Jambon
Bécasse	Oie
Cailles	Perdreau
Canard	Pintade _ *biblicó*
Cheval	Porc
Cœur	Poulet
Grouse	

CHAPITRE 2

Poisson, crustacés et mollusques

Groupe B	Portion par semaine si vous êtes d'ascendance		
		européenne	africaine	asiatique
Tous les produits de la mer	115-170 g	3 à 5 fois	4 à 6 fois	3 à 5 fois

Le poisson est excellent pour les personnes du groupe B, en particulier les poissons des mers froides comme la morue ou le saumon, riches en corps gras bénéfiques. Mangez aussi des poissons blancs tels que le flet, le flétan ou la sole, qui constituent des sources de protéines idéales pour vous.

Fuyez en revanche les crustacés comme le crabe, le homard, les crevettes, les moules, etc., pourvus en lectines nocives pour votre organisme.

TRÈS BÉNÉFIQUES

Alose	Haddock
Brochet	Lotte
Caviar ✓	Mahimahi (daurade coryphène)
Colin	Maquereau ✓
Daurade	Mérou
Doré jaune	Morue ✓
Esturgeon	Sandre
Flet	Sardine ✓
Flétan	Saumon ✓
Grand sébaste	Saumon des moissons
Grondin	Sole ✓

NEUTRES

Brosme	Mulet
Cabillaud	Ormeau
Calicagère bleue	Perche
Calmar ✓	Plie grise
Capitaine	Poisson-chat
Carpe	Poisson-perroquet
Coquille Saint-Jacques	Pompano
Corégone	Rascasse rouge
Empereur	Requin
Éperlan	Sébaste
Espadon	Silure jaune
Grand tambour	Sole ✓
Harengs (frais ou saurs) ✓	Spare doré
Lotte	Tassergal
Malachigan	Thon ✓
Maquereau espagnol	Tilapia
Maskinongé	Voilier
Merlan ✓	

À ÉVITER

Anchois	Huîtres
Bar	Lambi
Barracuda	Langouste
Clams	Lieu jaune
Crabe	Limande à queue jaune
Crevettes	Moules
Écrevisse	Poulpe
Escargots	Saumon fumé
Grenouilles	Stromatée
Homard	Truite (toutes variétés)

CHAPITRE 3

Laitages et œufs

Groupe B	Portion par semaine si vous êtes d'ascendance		
		européenne	africaine	asiatique
Œufs	1 œuf	3 à 4 fois	3 à 4 fois	5 à 6 fois
Fromage	55 g	3 à 5 fois	3 à 4 fois	2 à 3 fois
Yaourt	115-170 g	2 à 4 fois	0 à 4 fois	1 à 3 fois
Lait	115-170 ml	4 à 5 fois	0 à 3 fois	2 à 3 fois

Le groupe B est le seul groupe sanguin qui autorise la consommation régulière d'une grande variété de laitages, cela parce que l'un des sucres de base de l'antigène du groupe B est le D-galactosamine, également présent dans le lait. L'homme a commencé à se nourrir de laitages lorsqu'il a appris à domestiquer le bétail, c'est-à-dire au moment où le groupe B s'est développé. En ce qui concerne les œufs, précisons qu'ils ne contiennent pas la lectine nocive présente dans les tissus musculaires des volailles. On note tout de même des variantes liées à l'hérédité. Si vous êtes d'origine asiatique, vous éprouverez peut-être ainsi des difficultés pour adopter les laitages, non pas parce que

ceux-ci ne vous vous conviennent pas mais en raison de réticences culturelles. Cela vient de ce que les laitages ont été introduits en Asie par les hordes mongoles et restent de ce fait aujourd'hui encore assimilés à des aliments « barbares », donc immangeables. Moyennant quoi, bien des Asiatiques du groupe B imposent à leur organisme un régime à base de soja qui ne lui est guère adapté. Les personnes du groupe B d'ascendance africaine s'adaptent elles aussi souvent difficilement aux laitages. Le groupe B étant presque inexistant dans cette région du monde, on dénombre beaucoup de cas d'intolérance au lactose.

TRÈS BÉNÉFIQUES

Cottage cheese	Lait de vache
Féta	Mozzarella
Fromage de chèvre	*Paneer* (fromage indien)
Kéfir	Ricotta
Lait de chèvre	Yaourt

NEUTRES

Babeurre	Gouda
Beurre	Gruyère
Brie	Jarlsberg
Camembert	Munster
Cheddar	Neufchâtel
Crème aigre	Œufs de poule
Edam	Parmesan
Emmenthal	Petit-lait
Fromage frais	Provolone
Ghee (beurre clarifié)	Sorbet laitier (*sherbet*)

À ÉVITER

Crèmes glacées	Œufs de cane
Fromage bleu	Œufs d'oie
Œufs de caille	

CHAPITRE 4

Huiles et corps gras

Groupe B	Portion par semaine si vous êtes d'ascendance		
		européenne	africaine	asiatique
Huiles	1 cuillerée à soupe	4 à 6 fois	3 à 5 fois	5 à 7 fois

Convertissez-vous à l'huile d'olive pour améliorer votre digestion et favoriser l'élimination de vos déchets organiques. Absorbez-en au moins une cuillerée à soupe tous les deux jours.

Évitez en revanche les huiles de sésame, de tournesol et de maïs, qui contiennent des lectines nocives pour votre tube digestif.

TRÈS BÉNÉFIQUES

Huile d'olive	

NEUTRES

Huile d'amande	Huile de noix
Huile de foie de morue	Huile d'onagre
Huile de germe de blé	Huile de pépins de cassis
Huile de graines de lin	

À ÉVITER

Huile d'arachide	Huile de maïs
Huile de bourrache	Huile de ricin
Huile de carthame	Huile de sésame
Huile de coco ou de coprah	Huile de soja
Huile de colza	Huile de tournesol
Huile de graines de coton	

Noix et graines

Groupe B	Portion par semaine si vous êtes d'ascendance		
		européenne	africaine	asiatique
Noix et graines	1 poignée	2 à 3 fois	2 à 3 fois	2 à 3 fois
Beurres de noix	1-2 cuillerées à soupe	2 à 4 fois	2 à 4 fois	2 à 4 fois

La plupart des noix et graines sont déconseillées aux sujets du groupe B. Les cacahuètes, les graines de sésame et les graines de tournesol, pour ne citer qu'elles, renferment en effet des lectines qui entravent votre production d'insuline. Si vous êtes d'origine asiatique et accoutumé aux traditions culinaires de ce continent, il vous paraîtra sans doute difficile de renoncer au sésame et à ses dérivés, mais songez qu'en pareil cas la voix du sang doit prendre le pas sur celle de la culture.

TRÈS BÉNÉFIQUES

Noix	

NEUTRES

Amandes	Noix du Brésil
Beurre d'amande	Noix de caryer (*hickory*)
Châtaignes	Noix de macadamia
Faines	Noix de noyer cendré (*butternut*)
Graines de lin	Noix de pécan (pacanes)

À ÉVITER

Beurre de cacahuète	Graines de tournesol
Beurre de tournesol	Noisettes
Cacahuètes	Noix de cajou
Graines de courge	Pignons
Graines de pavot	Pistaches
Graines de sésame	Tahini (beurre de sésame)

CHAPITRE 6

Pois et légumes secs

Groupe B	Portion par semaine si vous êtes d'ascendance		
		européenne	africaine	asiatique
Pois et légumes secs	1 tasse de 225 ml (produit sec)	5 à 7 fois	5 à 7 fois	5 à 7 fois

Vous pouvez manger des pois et des légumes secs en quantité raisonnable, mais sachez que nombre d'aliments de cette catégorie, tels les lentilles, les pois chiches, les haricots cocos ou les haricots cornille contiennent des lectines qui agissent sur votre production d'insuline.

En général, les sujets du groupe B d'origine asiatique supportent mieux cette catégorie d'aliments que les autres, car ils y sont culturellement accoutumés.

TRÈS BÉNÉFIQUES

Haricots de Lima	Haricots rouges
Haricots blancs mojettes	

NEUTRES

Fèves	Haricots Soissons
Flageolets	Haricots verts
Graines de tamarin	Jicama
Haricots blancs	Petits pois
Haricots mange-tout	Pois gourmands
Haricots Northern	

À ÉVITER

Flocons de soja	Haricots noirs
Fromage de soja	Lait de soja
Graines de soja	Lentilles
Granules de soja	Miso
Haricots adzuki	Pois chiches
Haricots cocos	*Tempeh* *
Haricots cornille (ou *blackeyes*)	Tofu *
Haricots mungo	

* *Produits dérivés du soja.*

CHAPITRE 7

Céréales et produits céréaliers

Groupe B	Portion par semaine si vous êtes d'ascendance		
		européenne	africaine	asiatique
Céréales, pain et pâtes	1/2 tasse de 225 ml de céréales ou de pâtes (produit sec), 1 muffin ou 2 tranches de pain	5 à 9 fois	5 à 7 fois	5 à 9 fois

Même s'il m'est arrivé de rencontrer des patients du groupe B qui supportaient bien les aliments à base de blé, la plupart d'entre eux partagent l'intolérance de leurs congénères du groupe O à l'égard de ces ingrédients. Le gluten du blé contient en effet une lectine qui se dépose dans les tissus musculaires réduisant l'efficacité avec laquelle ceux-ci brûlent les calories et faisant chuter le métabolisme du sujet. Dans la mesure où les aliments qui ne sont pas rapidement métabolisés tendent à être stockés sous forme de graisse, le blé peut constituer un facteur de prise de poids pour les personnes du groupe B. Évitez aussi le seigle, porteur d'une lectine qui favorise les troubles sanguins et les maladies cardio-vasculaires. Le maïs et le sarrasin représentent pour leur part d'importants facteurs de prise de poids pour le groupe B, car ils contribuent plus que tout autre aliment à ralentir le métabolisme et à dérégler la production d'insuline, provoquant rétention d'eau et fatigue.

En matière de pain, essayez d'adopter les pains à base de farine de blé germé de type pain Essène, en vente dans les magasins de produits diététiques. Ces pains « vivants » sont extrêmement nutritifs. Bien qu'ils soient préparés à base de blé, la lectine nocive est détruite par le processus de germination.

Modérez en général votre consommation de pain, de pâtes et de riz car, si vous respectez l'apport en viande, en poisson et en laitages que je vous recommande, vous n'avez nul besoin des nutriments que ces mets apportent.

TRÈS BÉNÉFIQUES

Épeautre (complète)	Pain Essène
Flocons d'avoine	Riz soufflé
Galettes de riz	Son d'avoine
Lait de riz	Son de riz
Millet	

NEUTRES

Crème de riz	Pain de riz
Farine de blé dur (produits à base de)	Pain de farine de soja
Farine de blé non raffinée (produits à base de)	Pâtes aux épinards
Farine de blé raffinée (produits à base de)	Quinoa
Farine d'épeautre (produits à base de)	Riz basmati
Farine de riz	Riz blanc
Pain de blé germé industriel	Riz complet
Pain sans gluten	

À ÉVITER

Amarante	Pain multicéréales
Blé concassé	Pâtes de farine de topinambour (100 %)
Blé kamut	Pop-corn
Cornflakes	Pop-corn de kasha
Couscous	Riz sauvage
Crème de blé	Sarrasin
Farine de blé complète (et produits à base de)	Seigle
Farine de blé au gluten (et produits à base de)	Sept céréales
Farine de maïs	Soba (nouilles japonaises 100 % sarrasin)
Fécule de maïs	Son de blé
Germe de blé	Sorgho
Kasha	Tapioca
Maïs (toutes variétés)	Teff *
Orge	

* *Céréale proche du millet* (Eragostis abyssinica) *consommée en Afrique orientale depuis plusieurs millénaires et cultivée depuis 1988 dans d'autres régions du monde.*

CHAPITRE 8

Légumes

Groupe B	Portion par semaine si vous êtes d'ascendance		
		européenne	africaine	asiatique
Légumes cuits	1 tasse de 225 ml	3 à 5 fois	3 à 5 fois	3 à 5 fois
Légumes crus	1 tasse de 225 ml	3 à 5 fois	3 à 5 fois	3 à 5 fois

Le règne végétal regorge de légumes aussi succulents que bénéfiques pour les personnes du groupe B ; alors, si vous appartenez à ce groupe sanguin, profitez-en et mangez-en en abondance (trois à cinq portions par jour). Rares sont les légumes nocifs pour vous, mais vous devez cependant les mémoriser. Le maïs renferme des lectines nuisibles pour votre sang et pour votre digestion. Les radis et les artichauts ne vous réussissent pas. Bannissez également les tomates, ainsi que les olives, dont les ferments peuvent susciter des réactions allergiques. En raison de leur vulnérabilité particulière aux virus et aux maladies, les sujets du groupe B auront avantage à manger beaucoup de légumes verts à feuilles, riches en magnésium, lequel est un agent antiviral efficace.

TRÈS BÉNÉFIQUES

Aubergine	Gingembre
Betterave	Igname
Betterave (fanes)	Moutarde (feuilles)
Brocolis	Panais
Carottes	Patate douce
Chou (toutes variétés)	Persil
Choux de Bruxelles	Piment doux
Chou cavalier	Poivron (toutes variétés)
Chou-fleur	Shiitake
Chou frisé	

NEUTRES

Ail	Épinards
Alfalfa/luzerne (pousses)	Fenouil
Algues	Crosses de fougère
Aneth	Gombos (okras)
Asperges	Haricots mange-tout
Bambou (pousses)	Haricots verts
Blettes	Jus de carotte
Carvi	Laminaire
Céleri-branche	Laitue
Céleri-rave	Maitaké (champignon)
Cerfeuil	Mesclun
Champignons enoki	Navet
Champignons de Paris	Oignons (toutes variétés)
Champignons Portobello	Pak-choï

Châtaignes d'eau	*Pickles* (toutes variétés)
Chicorée	Piment chili
Chou-rave	Pissenlit
Chou romanesco	Pleurotes
Choucroute	Poireau
Ciboule	Pois gourmands
Concombre	Pommes de terre (toutes variétés à chair blanche)
Coriandre	Raifort
Coulemelles	Romaine
Courges (toutes variétés, sauf citrouille et potiron)	Roquette
Courgettes	Rutabaga
Cresson	Salsifis
Daikon (radis oriental)	Scarole
Échalote	Taro
Endive	

À ÉVITER

Artichaut	Potiron
Avocat	Radis
Citrouille	Radis (pousses)
Haricot mungo (pousses)	Rhubarbe
Maïs	Tomate
Olives (toutes variétés)	Topinambour

CHAPITRE 9

Fruits

Groupe B	Portion par semaine si vous êtes d'ascendance			
		européenne	africaine	asiatique
Tous les fruits recommandés	1 fruit ou 85-140 g	3 à 4 fois	3 à 4 fois	3 à 4 fois

Très peu de fruits sont interdits au groupe B : la plupart se révèlent très bénéfiques pour votre organisme. L'ananas vous convient tout particulièrement, surtout si vous êtes sujet aux ballonnements – en particulier si vous n'étiez guère habitué à consommer les laitages et les viandes recommandées par le régime du Groupe B. Ce fruit contient en effet une enzyme, la bromélaïne, qui facilite la digestion. Pour le reste, choisissez librement dans les listes qui suivent. Sauf indication contraire, le jus d'un fruit se classe dans la même catégorie que le fruit entier.

TRÈS BÉNÉFIQUES

Ananas	Pastèque
Banane	Prunes (toutes variétés)
Canneberges (*cranberries*)	Raisin (toutes variétés)
Papaye	

NEUTRES

Abricot	Kumquat
Anone (fruit de l'arbre à pain)	Mangue
Banane plantain	Melon
Cassis	Melons d'hiver (Canang, Christmas, Crenshaw, d'Espagne, Honeydew, musqué, de Perse)
Cerises (toutes variétés)	Mûres
Citron	Myrtilles
Citron vert	Nectarine
Clémentine	Orange
Coing	Pamplemousse
Dattes	Pêche
Figues (fraîches ou séchées)	Poire
Fraises	Poire de Chine
Framboises	Pomme
Goyave	Pruneaux
Groseilles	Raisins secs
Groseilles à maquereau	Sagou
Kiwi	Baies de sureau

À ÉVITER

Carambole	Kaki
Figue de Barbarie	Melon amer
Grenade	Noix de coco (et lait de coco)

CHAPITRE 10

Jus de fruits et de légumes

Groupe B	Portion par semaine si vous êtes d'ascendance		
		européenne	africaine	asiatique
Jus de fruits et de légumes recommandés	225 ml	2 à 3 fois	2 à 3 fois	2 à 3 fois
Eau	225 ml	4 à 7 fois	4 à 7 fois	4 à 7 fois

La plupart des jus de fruits et de légumes conviennent aux personnes du groupe B. Choisissez de préférence vos ingrédients en fonction des recommandations des chapitres 8 et 9. Si vous voulez vous désaltérer tout en stimulant votre système nerveux et vos défenses immunitaires, je vous incite vivement à prendre chaque matin au lever le breuvage suivant, que j'appelle « Cocktail fluidifiant pour les membranes » – et qui réjouira bien plus vos papilles que son nom ne le laisse présager. Mélangez une cuillerée à soupe d'huile de graines de lin, une cuillerée à soupe de granulés de lécithine de bonne qualité et 180 à 225 ml de jus de fruit. Secouez et buvez.

Ce cocktail matinal permet un apport appréciable en choline, en sérine et en éthanolamine, trois phospholipides très utiles au groupe B. Et comme la lécithine émulsifie l'huile, donc lui permet de se mélanger au jus de fruit, il est étonnamment savoureux.

CHAPITRE 11

Épices, condiments et additifs culinaires

*L*ES MEILLEURES ÉPICES pour les personnes du groupe B sont les variétés « échauffantes », telles que le gingembre, le raifort, le curry ou le piment de Cayenne. Une exception, toutefois : le poivre blanc ou noir, qui contient des lectines nocives pour vous. Paradoxalement, les substances jugées *a priori* plus « douces » tendent à irriter votre estomac. Évitez donc la fécule de maïs, les édulcorants à base de malt d'orge et la cannelle. Le sucre – blanc ou roux –, le miel et la mélasse se révèlent en revanche des aliments neutres pour votre appareil digestif. Sachez cependant faire preuve de modération. Même chose pour le chocolat, qui doit rester un condiment... pas votre plat principal !

Vous tolérez bien la plupart des condiments courants, à l'exception du ketchup, riche en dangereuses lectines de tomate, et de la sauce Worcestershire, qui contient du sirop de maïs. Le bon sens commande toutefois que vous limitiez votre consommation de ces ingrédients dont votre organisme ne tire aucun bénéfice particulier.

TRÈS BÉNÉFIQUES

Curry	Persil
Gingembre	Piment de Cayenne
Mélasse non raffinée	Raifort

NEUTRES

Agar-agar	Marjolaine
Ail	Mayonnaise
Aneth	Mélasse
Anis	Menthe
Basilic	Menthe poivrée
Bergamote	Miel
Câpres	Moutarde
Cardamome	Noix de muscade
Caroube	Origan
Carvi	Paprika
Cerfeuil	Pectine de pomme
Chocolat	*Pickles* (toutes variétés)
Ciboulette	Piment en copeaux
Confiture (de fruits autorisés)	Piment chili en poudre
Coriandre	Romarin
Crème de tartre	Safran
Cumin	Sarriette
Curcuma	Sauce de salade (pauvre en lipides et composée d'ingrédients autorisés)
Dulse (algue rouge)	Sauge

Estragon	Sel de mer
Fructose	Sirop d'érable
Gaulthérie couchée (*wintergreen*)	Sirop de riz
Gelée (de fruits autorisés)	Sucre blanc
Clou de girofle	Sucre roux
Laminaire (algue)	Tamari
Laurier	Tamarin
Levure de bière	Thym
Levure de boulanger	Vanille
Macis	Vinaigre (toutes variétés)

À ÉVITER

Aspartame	Ketchup
Cannelle	Malt d'orge
Carraghènes	Maltodextrine
Essence d'amande	Miso
Fécule de maïs	Poivre (blanc, gris ou noir)
Gélatine (nature)	Sauce de soja
Genièvre	Sauce Worcestershire
Glutamate de sodium	Sirop de maïs
Gomme d'acacia	Tapioca
Gomme arabique	Toute-épice
Guarana	

CHAPITRE 12

Tisanes

*L*ES SUJETS DU GROUPE B ne tirent qu'un bénéfice très modéré de l'absorption de tisanes, mais rares sont celles qui sont à proprement parler nocives pour eux. Pour maintenir votre équilibre, faites preuve de bon sens : buvez une tisane de gingembre pour vous réchauffer, une tisane de menthe pour calmer votre tube digestif, etc.

Le gingembre est particulièrement recommandé aux sujets du groupe B, car il semble exercer un effet positif sur leur système nerveux. Rappelez-vous toutefois qu'il s'agit d'une plante stimulante, à consommer plutôt le matin.

La réglisse est elle aussi excellente pour vous en raison de son action antivirale, qui contrecarre votre propension aux maladies auto-immunes. Cette plante contribue en outre à réguler le taux de sucre sanguin, ce qui intéressera les nombreux individus du groupe B sujets à des chutes de ce taux (hypoglycémie) après les repas.

Il semble enfin que la réglisse améliore notablement l'état des personnes souffrant du syndrome de fatigue chronique. Attention : n'absorbez jamais de réglisse sans avis médical.

TRÈS BÉNÉFIQUES

Cynorrhodon (baies d'églantier)	Menthe poivrée
Framboisier (feuilles)	Persil
Gingembre	Réglisse
Ginseng	Sauge

NEUTRES

Achillée millefeuille	Menthe
Alfalfa (luzerne)	Millepertuis
Aubépine	Mouron des oiseaux
Bardane	Mûre
Bouleau blanc	Orme rouge
Camomille	Patience sauvage
Cataire	Piment de Cayenne
Chêne blanc (écorce)	Pissenlit
Dong quai	Salsepareille
Échinacée	Sureau
Fraisier (feuilles)	Thym
Hydrastis du Canada (goldenseal)	Valériane
Marrube blanc	Verveine

À ÉVITER

Aloès	Rhubarbe
Bouillon blanc	Scutellaire
Capselle bourse-à-pasteur	Séné
Fenugrec	Tilleul
Gentiane	Trèfle rouge
Houblon	Tussilage
Maïs (barbes)	

CHAPITRE 13

Breuvages divers

*P*OUR BIEN SE PORTER, les sujets du groupe B devraient se limiter à l'eau, au thé vert, aux tisanes, aux jus de fruits et de légumes, même si le café, le thé noir ou le vin ne sont pas à proprement parler nocifs pour eux.

Rappelons à ce propos que l'objet du régime adapté à votre groupe sanguin est d'optimiser le fonctionnement de votre organisme et non de se contenter de simplement le maintenir à son niveau initial.

Si vous êtes gros buveur de boissons caféinées – qu'il s'agisse de café ou de thé –, essayez de les remplacer par du thé vert, qui contient de la caféine, mais possède aussi des propriétés antioxydantes.

N'oubliez pas non plus l'eau ! Veillez à boire chaque jour au moins huit grands verres d'eau, de thé vert, de tisane, ou de jus de fruits ou de légumes.

TRÈS BÉNÉFIQUES

Thé vert	

NEUTRES

Bière	Thé déthéiné
Café	Thé noir
Café décaféiné	Vin blanc
Cidre	Vin rouge

À ÉVITER

Alcools forts	Sodas (tous)
Eau gazeuse	Sodas sans sucre (tous)

CHAPITRE 14

Suppléments nutritionnels recommandés pour le groupe B

*L*E RÉGIME DU GROUPE B recommande certains suppléments en vitamines, en oligo-éléments et en produits à base de plantes destinés à intensifier les bienfaits de ce programme. Comme les aliments, ces compléments n'agissent pas de la même façon chez tous les sujets. Chacun d'eux joue un rôle spécifique au sein de l'organisme et le remède miracle que votre copine du groupe A vous vante pourra se révéler inutile, voire nocif, pour votre organisme du groupe B.

Pour le groupe B, on cherchera essentiellement à :
• affiner une alimentation déjà équilibrée,
• améliorer la production d'insuline,
• renforcer la résistance aux virus,
• améliorer la clarté d'esprit et la capacité de concentration.

Voici quelques compléments susceptibles de vous aider à atteindre ces objectifs. Aucun complément n'est particulièrement nocif pour les personnes du groupe B. Tout est affaire d'équilibre et vous pourrez en grande partie éviter les maladies graves simplement en suivant le régime adapté à votre groupe sanguin. L'alimentation qui en résulte est si riche en vitamines A, B, C et E, en calcium et en fer qu'il est en principe inutile d'absorber des suppléments diététiques.

Bénéfiques

Magnésium

À l'inverse des autres groupes sanguins, qui affichent fréquemment des carences en calcium, les sujets du groupe B manquent souvent de magnésium. Ils assimilent en effet le calcium tellement bien que cela engendre parfois un déséquilibre calcium-magnésium. Lorsque cela se produit, on est plus exposé aux virus – et à tous les autres agresseurs potentiels, car les défenses immunitaires sont amoindries –, à la fatigue, aux syndromes dépressifs et aux troubles nerveux. Dans ce cas, il peut être judicieux de tenter une cure de magnésium (300 à 500 mg par jour). Les enfants du groupe B sujets à l'eczéma peuvent eux aussi tirer bénéfice d'une supplémentation en magnésium.

Ajoutons que le magnésium joue au sein des organismes du groupe B un rôle de catalyseur du métabolisme : c'est ce qui leur permet de métaboliser plus efficacement les glucides.

Peu importe la formule que vous choisissez, car toutes sont efficaces. Sachez cependant que plus de patients se plaignent d'effets secondaires laxatifs avec le citrate de magnésium qu'avec les autres suppléments.

Et rappelez-vous que, puisqu'un apport accru en magnésium agit, au moins en théorie, sur l'équilibre calcium-magnésium, vous devez veiller dans le même temps à absorber suffisamment d'aliments riches en calcium, tels que les laitages. Pensez toujours « équilibre » !

LES MEILLEURS ALIMENTS RICHES EN MAGNÉSIUM POUR LE GROUPE B

Tous les légumes verts,
les légumes secs
et les céréales recommandés.

Vitamines B

Les vitamines B1 et B6 améliorent la régulation du cortisol par les glandes surrénales ainsi que l'activité de ces glandes. Un déficit en vitamine B5 compromet sérieusement le fonctionnement du cortex surrénal, responsable de la production de cortisol. Toutes les formes de tension ou presque accroissent les besoins en vitamine B5, dont un déficit intensifiera votre tendance à l'hypersécrétion de cortisol et à l'épuisement en cas de stress.

**LES MEILLEURS ALIMENTS RICHES EN VITAMINE B
POUR LE GROUPE B**

Foie
Fruits
Légumes verts à feuilles
Levures alimentaires
Noix
Œufs
Poisson
Viande

Vitamine C

La prise quotidienne de 500 mg de vitamine C favorise la fonction surrénale et protège l'organisme des méfaits d'un excès de cortisol en situation de stress. À recommander pendant les périodes d'agitation.

**LES MEILLEURS ALIMENTS RICHES EN VITAMINE C
POUR LE GROUPE B**

Ananas
Baies
Brocolis
Cerises
Citron
Pamplemousse

Zinc *(avec prudence)*

Une supplémentation de 15 à 25 mg de zinc par jour peut abaisser le taux de cortisol. Toutefois, le zinc doit être manié avec prudence, car si de brèves cures périodiques stimulent le système immunitaire, en prendre trop ou pendant trop longtemps produit l'effet inverse. De plus, la prise de zinc peut inhiber l'absorption d'autres oligo-éléments. Attention, donc : évitez l'automédication et consultez votre médecin.

LES MEILLEURS ALIMENTS RICHES EN ZINC POUR LE GROUPE B

Légumes secs recommandés
Œufs

Plantes médicinales et substances phytochimiques

Enzymes digestives. Si vous n'avez pas l'habitude de manger de la viande ou des laitages, vous éprouverez peut-être quelque difficulté à vous adapter à votre nouvelle alimentation. Dans ce cas, absorber à chaque repas des enzymes digestives vous permettra de mieux digérer cet apport accru en protéines. Prenez par exemple de la bromélaïne, issue de l'ananas, en vente dans la plupart des magasins de produits diététiques et dans les rayons diététiques des pharmacies et des supermarchés.

Lécithine. Cette substance, un lipide présent dans certains aliments d'origine animale ou végétale, notamment dans le soja, affiche une action stimulante sur le métabolisme et sur les défenses immunitaires. Elle permet en effet aux antigènes B présents à la surface des cellules de se déplacer plus aisément et, donc, de mieux protéger le système immunitaire. On la trouve sous forme de granulés dans les magasins de produits diététiques et les rayons diététiques des pharmacies et des supermarchés. Pour obtenir un meilleur résultat, absorbez des granulés de lécithine plutôt que du soja, qui en contient en trop faible concentration. C'est pourquoi je vous recommande, une fois encore, mon Cocktail fluidifiant pour les membranes, préconisé dans le cadre du régime du Groupe B.

RECETTE DU « COCKTAIL FLUIDIFIANT POUR LES MEMBRANES »

Mélangez :
1 cuillerée à soupe d'huile de graines de lin,
1 cuillerée à soupe de granulés de lécithine,
180 à 225 ml de jus de fruits recommandés.
Secouez et buvez.

Ce cocktail matinal constitue un apport appréciable en choline, en sérine et en éthanolamine, trois phospholipides très utiles au groupe B. Et comme la lécithine émulsifie l'huile et lui permet de se mélanger au jus de fruits, il se révèle étonnamment savoureux.

Plantes adaptogènes. Il s'agit de plantes améliorant la réponse globale au stress, la concentration et la mémoire, ce qui est souvent utile pour les personnes du groupe B atteintes d'affections virales ou nerveuses.

Beaucoup d'entre elles exercent une influence bidirectionnelle ou normalisante sur l'organisme : lorsqu'une valeur est trop basse, elles la font remonter, de même lorsqu'un taux est trop élevé. Les adaptogènes ci-après conviennent à merveille aux personnes du groupe B.

GINSENG (*PANAX GINSENG*). Cette plante semble accroître la sensibilité et la capacité de réponse de l'axe HPA, ce qui contribue sans doute à favoriser une production accrue de cortisol en cas de besoin, mais aussi un retour à la normale plus rapide lorsque le stress se dissipe. Le ginseng cadre donc bien avec la définition d'un adaptogène. S'il convient à tous les sujets du groupe B, la tradition en réserve souvent l'usage à la gent masculine. J'ai pour ma part constaté que certaines femmes supportaient moins bien cette plante que le ginseng de Sibérie ou éleuthérocoque. Inutile d'en abuser, mais veillez à ingérer du ginseng de qualité.

ÉLEUTHÉROCOQUE (*ELEUTHEROCOCCUS SENTICOSUS*). Bien que cette plante soit souvent proposée sous la dénomination de « ginseng de Sibérie », ce n'est pas du tout une variété de ginseng. Lorsque les chercheurs russes se sont intéressés aux adaptogènes, dans les années 1940 et 1950, ils ont constaté que l'éleuthérocoque comptait parmi les plus efficaces. Des études menées sur des télétypistes ont par exemple démontré que cette plante accélérait leur rapidité de saisie et diminuait le pourcentage d'erreurs effectuées. Elle aide l'organisme à s'adapter à des conditions physiques rudes et améliore les performances intellectuelles ainsi que la qualité du travail accompli en situation de stress. L'éleuthérocoque semble aussi exercer une action régulatrice en amont sur la réponse au stress, ce qui rend plus apte à gérer celui-ci et à demeurer efficace sous pression.

ASHWAGANDA (*WITHANIA SOMNIFERA*). La médecine ayrvédique considère cette plante, parfois appelée ginseng indien, comme le meilleur des adaptogènes. Elle possède la même action antistress et anabolisante que le ginseng et permet de contrer la plupart des bouleversements biologiques qui accompagnent un stress intense, notamment ceux qui concernent les taux sanguins de sucre et de cortisol. L'ashwaganda améliore en outre légèrement les troubles thyroïdiens induits par le stress.

GINKGO (*GINKGO BILOBA*). Le ginkgo est actuellement la substance médicinale – toutes catégories confondues – la plus largement prescrite en Allemagne, où plus de cinq millions de personnes en absorbent chaque jour. Le ginkgo améliore la microcirculation cérébrale, ce qui explique qu'on en administre souvent aux personnes âgées. On le présente aussi comme un stimulant du cerveau et un « remontant » pour l'esprit.

BASILIC SACRÉ (*OCIMUM SANCTUM*). Le basilic sacré abaisse le taux de cortisol et minimise les désordres physiologiques liés au stress. Il accroît en outre l'endurance émotionnelle, tout en régulant le taux de sucre sanguin grâce à son puissant impact sur le métabolisme du glucose.

EXTRAIT DE FEUILLES DE *BACOPA MONNIERA*. Cette substance procure au cerveau et au système nerveux un support antioxydant. Elle favorise également la clarté mentale chez les individus du groupe B.

TRIBULUS TERRESTRIS. Cette plante adaptogène permet une réponse équilibrée au stress.

Réglisse (*Glycyrrhiza glabra*). La réglisse est une plante très utilisée par les phytothérapeutes du monde entier. Elle possède au moins quatre indications curatives : elle soigne les ulcères gastriques, elle exerce une action antivirale sur le virus de l'herpès, elle traite le syndrome de fatigue chronique et elle combat l'hypoglycémie. Attention : comme toute substance active, la réglisse n'est pas inoffensive et, prise en dose excessive, elle peut occasionner chez les sujets prédisposés une hausse de la tension artérielle et une rétention de sodium. Si vous appartenez au groupe B et souffrez d'hypoglycémie (chute du taux de sucre sanguin après les repas), essayez de boire une ou deux tasses de tisane de réglisse après les repas. Les préparations de réglisse autres que les tisanes ou les formules à base de réglisse déglycyrrhizique ne doivent jamais être absorbées sans contrôle médical en cas de syndrome de fatigue chronique, car il existe un réel risque toxique.

CHAPITRE 15

Stratégies médicales

*L*A SCIENCE MODERNE a fourni au corps médical un attirail impressionnant de traitements abondamment prescrits par les praticiens du monde entier. Mais avons-nous été assez prudents dans notre emploi des antibiotiques et des vaccins ? Et comment savoir quels médicaments sont bons pour vous, pour votre famille et pour vos enfants ? Une fois encore, votre groupe sanguin – ou celui des vôtres – détient la réponse à vos interrogations.

En tant que naturopathe, je m'efforce bien sûr d'éviter autant que possible de prescrire de tels produits, car il existe presque toujours des substances naturelles tout aussi efficaces et dépourvues des effets secondaires inhérents aux préparations chimiques.

Les remèdes naturels qui suivent conviennent au groupe B.

ARTHRITE

alfalfa (luzerne)
boswellia (oliban)
calcium
bain au romarin
bain aux sels d'Epsom

CONGESTION

ortie
tisane de réglisse
verveine

CONSTIPATION

fibres
écorce de mélèze (ARA-6)
orme rouge
psyllium

DIARRHÉE

L. acidophilus (bactéries de yaourt)
baies de sureau
feuilles de framboisier
myrtilles

DIFFICULTÉS DIGESTIVES, BRÛLURES D'ESTOMAC

bromélaïne
gentiane
gingembre
menthe poivrée

DOULEURS ABDOMINALES SPASMODIQUES, FLATULENCES

tisane de camomille
tisane de fenouil
gingembre
tisane de menthe poivrée
suppléments pro-biotiques contenant du bifidus

DOULEURS DENTAIRES

massage des gencives avec de l'ail écrasé
massage des gencives avec de l'huile de clou de girofle

DOULEURS MENSTRUELLES

cornouiller de la Jamaïque

FIÈVRE

cataire
grande camomille
écorce de saule blanc
verveine

GRIPPE

ail
arabinogalactane
tisane de cynorrhodon (baies d'églantier)

MAL DE GORGE

collinsonia (*stone root*)

MAL DE TÊTE

camomille
damiana

grande camomille
écorce de saule blanc
valériane

MAUX D'OREILLES

gouttes auriculaires : huile d'olive, ail et bouillon blanc

NAUSÉES

gingembre
piment de Cayenne
tisane de racine de réglisse

SINUSITE

thym

TOUX

marrube blanc

CHAPITRE 16

Les questions que l'on me pose le plus fréquemment

Dois-je absolument effectuer d'emblée tous les changements recommandés pour que le régime du Groupe B fonctionne ?

Non. Je vous engage au contraire à procéder par étapes, en éliminant petit à petit les aliments mauvais pour vous et en augmentant dans le même temps la part de ceux qui sont bénéfiques.

Bien des régimes exigent de leurs adeptes qu'ils se convertissent à eux immédiatement, si brutaux que soient les bouleversements nécessaires pour y parvenir. Je juge plus réaliste, et à terme plus efficace, de préférer un apprentissage progressif. Ne vous contentez pas de me croire sur parole : il faut que vous sentiez dans les fibres de votre corps la justesse de mes conseils.

Peut-être ne connaissiez-vous pas grand-chose aux aliments bons ou mauvais pour vous avant de découvrir le régime adapté à votre groupe sanguin. Nous sommes en effet habitués à choisir nos mets en nous fiant à nos papilles, aux traditions familiales et au dernier régime amincissant à la mode. Sans doute consommez-vous déjà sans le savoir des aliments bons pour votre santé, mais *Le Régime du Groupe B* va vous donner le moyen de composer chacun de vos repas en connaissance de cause. Une fois votre plan nutritionnel idéal mémorisé, rien ne vous interdit de vous en écarter un peu à l'occasion. La rigidité est ennemie du plaisir et je n'en suis pas adepte.

Le Régime du Groupe B vise à vous apporter santé et bien-être, pas à vous affamer, ni à vous faire perdre le goût de vivre. Le simple bon sens vous dictera parfois d'oublier un peu vos principes diététiques – par exemple lorsque vous dînez chez vos parents !

Pourquoi vos recommandations nutritionnelles tiennent-elles compte de l'origine ethnique ?

Il s'agit là d'aider mes lecteurs à affiner le régime Groupe sanguin en fonction de leur hérédité. De même que les besoins des hommes, des femmes et des enfants diffèrent, il faut considérer la morphologie, la géographie et les préférences gustatives culturelles de chacun. Ces suggestions vous accompagneront au début votre régime. Plus tard, quand vous y serez complètement habitué, vous calculerez vous-même les portions qui vous conviennent le mieux.

Mes recommandations incluent en outre les problèmes spécifiques liés à l'origine ethnique, tels que l'intolérance au lactose pour les personnes d'ascendance africaine, ou encore le fait que les Asiatiques consomment traditionnellement très peu de laitages, ce qui peut rendre nécessaire une introduction plus progressive de ces denrées dans l'alimentation, afin d'éviter toute gêne.

Dois-je consommer tous les aliments estampillés « très bénéfiques » pour mon groupe sanguin ?

Ce serait impossible ! Considérez le régime adapté à votre groupe sanguin comme la palette sur laquelle un peintre sélectionne ses couleurs pour obtenir une infinité de teintes et de nuances. Efforcez-vous d'absorber chaque semaine les quantités indiquées de chaque catégorie d'aliments, en sachant que le rythme hebdomadaire se révèle sans doute plus important que la taille des portions.

Si vous affichez une silhouette fluette, réduisez un peu vos portions, mais veillez tout de même à respecter la cadence recommandée. Cela garantira un apport constant de nutriments essentiels dans votre flux sanguin.

Que dois-je faire lorsqu'un aliment « à éviter » est le quatrième ou cinquième élément de base d'une recette de cuisine ?

Cela dépend de votre état de santé et de votre tempérament. Si vous souffrez d'allergies alimentaires ou de colite, vous préférerez peut-être renoncer à suivre cette recette. Même chose si vous aimez respecter un régime à la lettre, donc bannir complètement les aliments « à éviter ». Je juge pour ma part ce type de comportement un peu excessif.

Sauf, bien sûr, si vous y êtes allergique, consommer occasionnellement un aliment qui n'est pas recommandé par votre régime ne peut pas vous faire grand mal.

Vais-je perdre du poids en adoptant le régime Groupe sanguin ?

Il existe plusieurs réponses à cette question.

En premier lieu, la plupart des personnes en surpoids ont une alimentation déséquilibrée : elle comporte des produits qui bouleversent leur métabolisme, entravent la digestion et favorisent la rétention d'eau. Le régime adapté à votre groupe sanguin élimine par définition toutes ces distorsions. Si vous le respectez, votre métabolisme va se stabiliser à son niveau idéal, si bien que vous brûlerez les calories plus efficacement, votre appareil digestif utilisera les nutriments de manière optimale et vous ne retiendrez plus d'eau dans vos tissus. Très rapidement, vous perdrez du poids.

Paradoxalement, bon nombre de mes patients qui souffrent de problèmes pondéraux sont au régime de manière chronique depuis de longues années. On pourrait penser que surveiller constamment sa ligne est une garantie de minceur. Pourtant, si la structure de l'alimentation à laquelle on s'astreint et les mets consommés vont à l'encontre de tout ce qui convient à son organisme, on n'atteint jamais son poids idéal. Notre civilisation tend à définir des protocoles amincissants universels et convenant à tous. Et l'on s'étonne que cela ne fonctionne pas. L'explication est pourtant évidente ! Des groupes sanguins différents réagissent aux aliments de manière différente. Si vous aspirez à perdre du poids, le programme nutritionnel et le programme sportif adaptés à votre groupe sanguin vous permettront d'observer très rapidement des résultats positifs.

Doit-on tenir compte des calories dans le cadre du régime du Groupe B ?

Ce régime comporte une période d'ajustement, au cours de laquelle vous apprendrez peu à peu quelles portions vous conviennent le mieux. Il est important de mesurer les portions alimentaires que vous consommez. En effet, quel que soit l'aliment en question, on grossit si on en abuse.

Cela semble si évident que j'ose à peine le souligner, mais la voracité de nos contemporains constitue un grave problème de santé publique. Quand on mange trop, les parois de l'estomac se distendent comme l'enveloppe d'un ballon gonflable. Bien que les muscles qui les entourent soient élastiques et conçus pour se contracter et se détendre, point trop n'en faut ; les cellules de la paroi abdominale sont terriblement malmenées quand on grossit excessivement.

Si vous avez tendance à vous empiffrer jusqu'à ne plus rien pouvoir avaler et que vous somnolez souvent après les repas, efforcez-vous de diminuer le volume du contenu de vos assiettes. Apprenez à écouter votre corps pour retrouver le chemin de la forme et de la santé.

La plupart des céréales que vous évoquez me sont inconnues. Comment puis-je me documenter sur elles ?

Les magasins de produits diététiques sont une véritable caverne d'Ali Baba pour qui souhaite diversifier son apport en céréales. Nombre de céréales anciennes ont été récemment remises au goût du jour et sur les rayons. Ainsi de l'amarante, une céréale mexicaine, ou de l'épeautre, cousine rustique du blé qui semble ne présenter aucun des inconvénients du blé complet. Goûtez-les : elles ne sont pas mauvaises du tout. La farine d'épeautre donne un pain compact et plutôt savoureux, et l'amarante d'originales préparations céréalières pour le petit déjeuner.

Essayez aussi les pains de blé germé, car les lectines du gluten, concentrées dans l'enveloppe du grain, sont détruites par le processus de germination. Comme ces pains s'altèrent rapidement, on les trouve en général dans le rayon réfrigéré des magasins de produits diététiques. Il s'agit d'aliments vivants, riches en enzymes bénéfiques (méfiez-vous des « pains de blé germé » industriels qui contiennent en général une très faible proportion de blé germé, ajoutée à une base de blé complet). Ces pains à la saveur légèrement sucrée – car la germination des grains libère des sucres –, tendres et moelleux, font d'excellents toasts.

Y a-t-il des recommandations spécifiques au groupe B en matière d'activité physique ?

Les disciplines qui conviennent le mieux aux personnes du groupe B sont celles qui ne se révèlent ni trop intenses sur la plan cardio-vasculaire, ni totalement axées sur la relaxation. L'idéal pour vous est de pratiquer des activités de groupe d'intensité moyenne, telles que la randonnée pédestre ou à bicyclette, les moins agressifs des arts martiaux ou le tennis, ou encore de suivre des cours d'aérobic. Vous réussissez moins bien dans les sports trop compétitifs comme le squash, le basket-ball ou le football. Pour un programme sportif optimal, alternez l'exercice plus intense et des activités relaxantes telles que le yoga, à raison de trois jours par semaine par la première catégorie et de deux fois par semaine pour la seconde.

Le groupe B : survol rapide

Le groupe B

Le Nomade
Équilibré – adaptable – créatif

———

Forces	Faiblesses	Risques médicaux	Profil nutritionnel	Pour perdre du poids	Suppléments	Programme sportif
Système immunitaire solide Adaptation facile aux changements environnementaux et diététiques Bon équilibre nerveux	Pas de véritables faiblesses naturelles, mais les déséquilibres favorisent une tendance aux affections auto-immunes et une vulnérabilité aux virus rares à développement lent.	Diabète de type I Syndrome de fatigue chronique Affections auto-immunes : sclérose en plaques, sclérose amyotrophique latérale, lupus.	RÉGIME OMNIVORE ÉQUILIBRÉ • Viande • Laitages • Céréales • Légumes • Fruits	À ÉVITER • Poulet • Maïs • Lentilles • Cacahuètes • Graines de sésame • Sarrasin • Blé UTILES • Légumes verts • Œufs • Gibier à poil • Foie • Tisane de réglisse	• Magnésium • Réglisse • Ginkgo biloba • Lécithine	Activités physiques modérées favorisant l'équilibre mental telles que : • randonnée, • bicyclette, • tennis, • natation.

Pour en savoir plus

À présent que vous maîtrisez les bases du régime Groupe sanguin, je vous incite vivement à étendre vos connaissances en la matière. La série « 4 Groupes sanguins » (*4 Groupes sanguins 4 Régimes* et *4 Groupes sanguins 4 Modes de vie*) propose l'information la plus complète, scientifiquement fondée et cliniquement testée disponible sur les groupes sanguins.

Pour tirer le meilleur parti possible des recommandations adaptées à votre cas en termes de nutrition et de mode de vie, il importe que vous acquériez une connaissance basique de tous les groupes sanguins. Vos spécificités s'inscrivent en effet dans le cadre du système complexe d'oppositions et de synergies qui régit la nature.

Mieux comprendre les facteurs liés au processus de l'évolution qui distinguent les groupes sanguins entre eux vous aidera à vivre plus pleinement votre groupe B. Ces ouvrages comportent de surcroît des informations et des conseils détaillés adaptés à votre groupe sanguin.

Pour plus de détails, consultez le site Internet du Dr D'Adamo :

www.dadamo.com

Remerciements

Un parcours scientifique ne s'effectuant jamais en solitaire, je tiens à remercier toutes les personnes qui m'ont aidé dans mes recherches ainsi que toutes celles qui m'ont soutenu, inspiré, stimulé et fait confiance. Je remercie tout particulièrement ma femme, Martha, de son amour et de son amitié, mes filles, Claudia et Emily, pour le bonheur qu'elles m'apportent, mes parents, James D'Adamo Sr et Christl, qui m'ont appris à me fier à mon intuition.

Je tiens également à exprimer mon immense gratitude à :

Catherine Whitney, qui a rédigé ce livre, et son collaborateur Paul Krafin : ils ont su exprimer des théories scientifiques incroyablement complexes en principes clairs utilisables au quotidien.

Mon agent littéraire, Janis Vallely, pour son soutien sans faille et ses encouragements.

Amy Hertz, des éditions Riverhead/Putnam, dont la vision d'ensemble a permis d'appliquer la science des groupes sanguins sous la forme d'un programme accessible à tous.

Jane Dystel, l'agent littéraire de Catherine Whitney, pour ses conseils toujours pertinents.

Heidi Merritt, pour le temps et l'attention qu'elle a consacré à ce manuscrit et grâce auxquels il se rapproche un peu plus de la perfection.

Mes collaborateurs du 2009, Summer Street, pour leur aide et leur conscience professionnelle, ainsi que la valeureuse équipe du 5, Brook Street.

Enfin, je remercie tous les merveilleux patients qui m'ont honoré de leur confiance au fil de leur quête de la santé et du bonheur.

Table des matières

Composition PCA
44400 - Rezé

Impression réalisée sur CAMERON par

BRODARD & TAUPIN

GROUPE CPI

La Flèche

pour le compte des Éditions Michel Lafon
en avril 2003